LA CIVITO DE LA NEBULOJ

ISBN : 978-2-490595-05-1

LA CIVITO DE LA NEBULOJ

Texto en esperanto
Sylvain-René de la Verdière

Ilustraciones
Poulpy

Texto en español
María de las Mercedes Azar y Griselda Fanese

Dankojn

Ludivine Delnatte kaj Jake Pentland pro la helpo
Fábio Silva pro la brazila eldono
María de la Mercedes Azar, Griselda Fanese kaj Poulpy pro la kunlaboro

Agradecimientos

A Ludivine Delnatte y Jake Pentland, por su colaboración.
A Fábio Silva, por la edición brasileña.
A María de las Mercedes Azar y a Griselda Fanese, por la presente versión
A Poulpy, por las ilustraciones.

Ĉie, tenebrojn malsanigajn la mallumulo kaduka elverŝas.
Kvazaŭ nigraj fumaĵoj kiuj fantomus la nokton, elvaporiĝas civitanoj.
Iom post iom, dum la realeco vekiĝas ĉe la Civito de la Nebuloj, malaperas konstruaĵoj.

***

Esparce por doquier el Tenebroso
Su mórbida oscuridad sobre la Arcadia dormida.
Y como negras volutas que se funden
En la noche se deshacen las almas.
Con lentitud somnolienta se revela
La realidad en la Ciudad de las Brumas
Y se va desdibujando el panal de edificios.

Fabelaj insektoj ĉirkaŭflugas malantaŭ la palpebroj de la knabeto.
Ĉiam, kiam li vizitas la Civiton de la Nebuloj, li raportas etajn aĵojn por ĝin ne forgesi.

**

Tras los párpados del niño giran,
En vuelo, insectos de leyenda.
Y como siempre que acude a la ciudad misteriosa,
Queriendo salvar los recuerdos del olvido
Atesora a su paso mil ínfimos detalles.

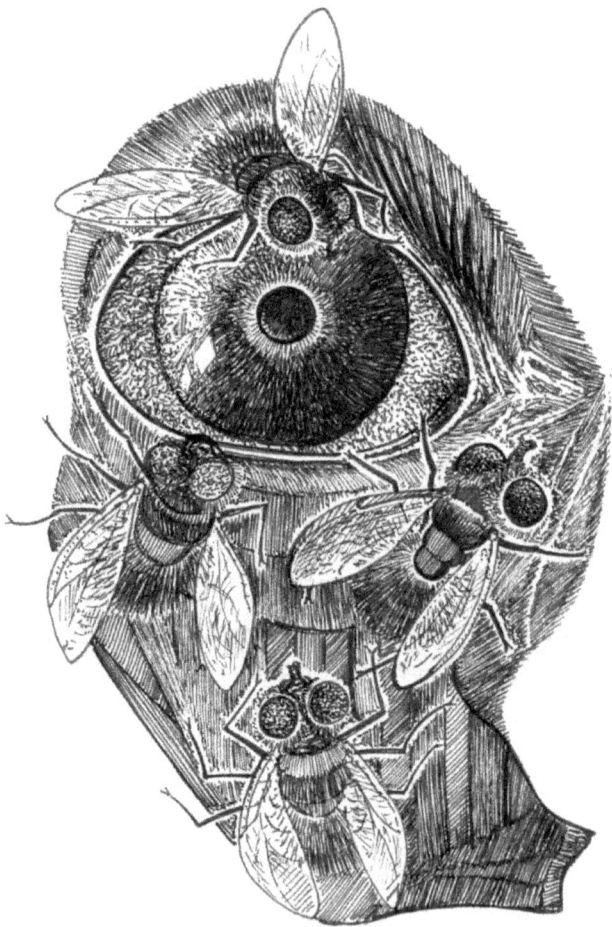

Nenomeblaj kreaĵoj frekventas la melankoliajn stratetojn, kunpremitajn inter ciklopaj turoj kaj plejaĝaj ruinaĵoj.
Ĉirkaŭe, flagras ĉiu sub ilia masego.

***

Abyectas Criaturas deambulan
Sin destino por sus calles estrechas
Trazadas en sombras y melancolías,
Abrumadas por torres gigantescas
De un tiempo sin memoria.
Bajo la enorme masa solitaria de piedra
Todo a su alrededor oscila.

Kiel tien iri?
Oni ne scias.
Ĉiam kaŝiĝas la irejoj en la nenion, ĉiam malaperas la vojoj subite.
Kiel de tie reveni?
Estas la plejgranda mistero.

***

¿Cómo llegar a ella? Nadie lo sabe.
Los caminos de pronto se evaporan
Como mapas de la nada
Y no puede devolverlos la vigilia.
Retornar es aún mayor misterio
Sin el eco de las huellas que a la vez
El azar del sueño crea y borra.

Ĉu la sonĝanto apartenas al la Civito, aŭ inverse?
Ĉu ili sin rigardas reciproke?
La rondo de la sonĝoj ĉirkaŭas la pensadon, kvazaŭ
turbano ĉe la kapo de la maŭro.

***

¿Sueña la ciudad a quien la sueña?
¿Cuál es el reflejo, cuál la cosa?
Gira la ronda de visiones y asedian,
Como interminable turbante moro,
Insistentes vueltas al pensamiento.

Ŝlosu la okulojn kaj ŝaltu la menson.
Tra la nebulo, vi eble rajtos spekti la superbon de la
Civito titana.

***

A la razón cierra, Mortal, los ojos
Y abre tu espíritu a otros horizontes.
Acaso te sea dado contemplar
De cerca, entre la bruma,
el colosal esplendor de la ciudad lejana.

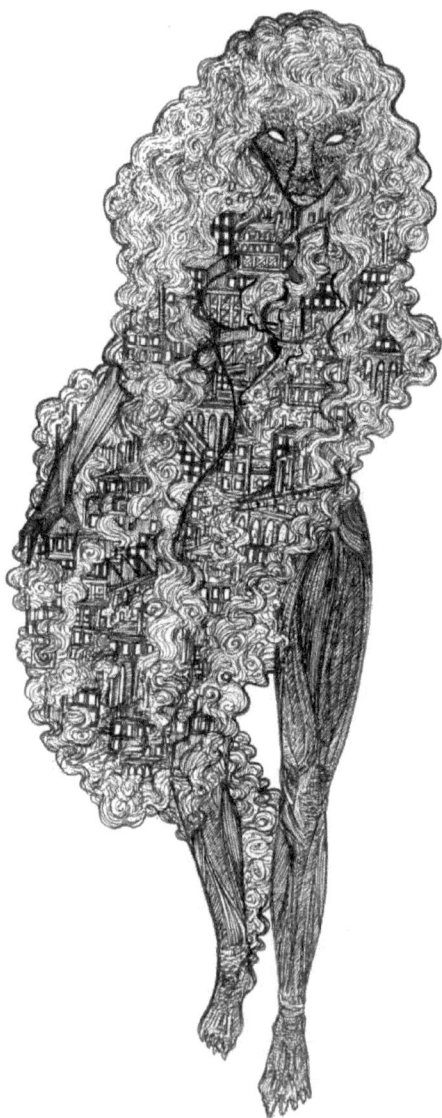

Abomenas la reĝo, kiu ĉefas la Civiton
Neniu postvivas, kiu krucas lian vojon.
Nenio de li tuŝita radias.
Ĥaos' oni lin nomas.

***

Despreciable tirano es el monarca
Que gobierna la ciudad regia,
Donde nada ni nadie sobrevive
Al aciago encuentro de su gesto,
Que devasta y aniquila cuanto toca.
Caos se llama, y su nombre
Funde el nombrar y lo nombrado.

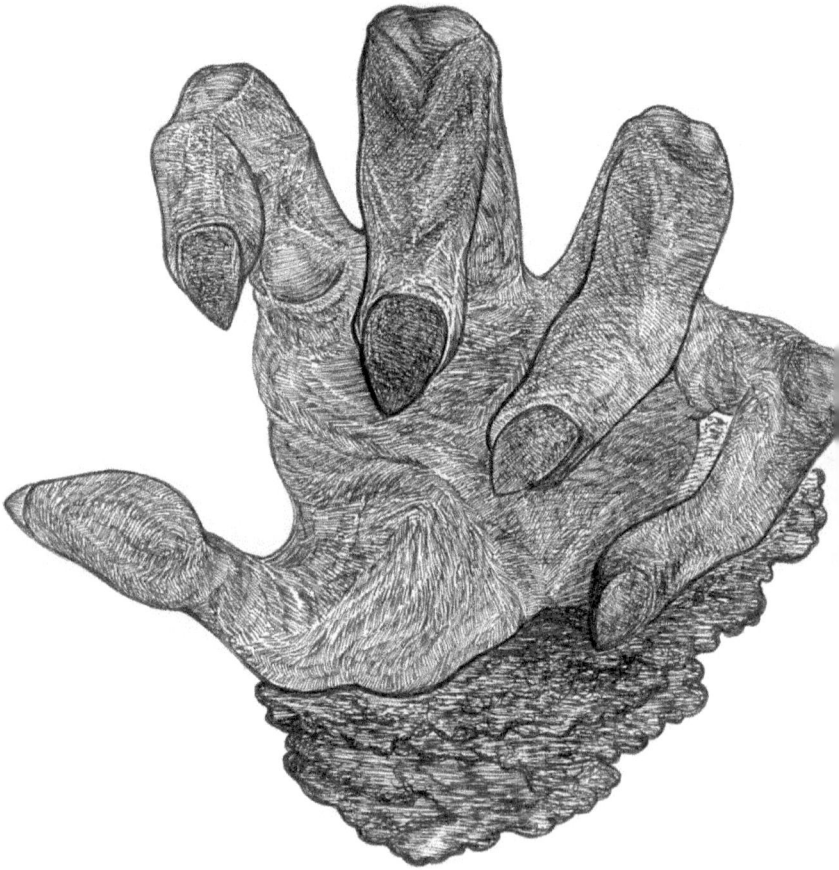

Tamen ĉiu aspektas trankvila al la vizitanto.
La multkoloraj butikoj lin tentas.
La ravaj dancistinoj, iliaj oraj ornamaĵoj kaj nevideblaj roboj,
Por ĉiam lin enprizonigas.

***

Mas nada advierte el visitante cautivado
Por las luces y el brillo de las tiendas,
Arrobada, como en trance, su mirada
Por las túnicas leves y las doradas joyas
De bailarinas tenues como el aire.

Iufoje elglitas el la Civito, invadante dormantan korpon,
iu ajn gelateneca aĵo.
Poste oni nomas Frenezeco tiun biasan aspekton kiu
rezultas de tia posedaĵo.

***

A veces la ciudad supura
Una calígine viscosa que invade
Y embriaga los cuerpos dormidos.
Locura es el nombre de la intrusa
En el instante mismo en que desciende
Y se aloja en la materia.

Iam mi vidis vojaĝanton, manĝitan de monstro.
Aŭ eble estis iu ajn inversa afero.
Mi ne certas.
La ulo ŝajnis dotita de strangaj pintdentoj.

***

Alguna vez vi un monstruo
Devorando a un viajero o tal vez
Fue al revés, ya no lo sé.
Lo cierto es que uno de ellos
Clavaba en el otro voraces los dientes,
Carniceros, afilados cual dagas.

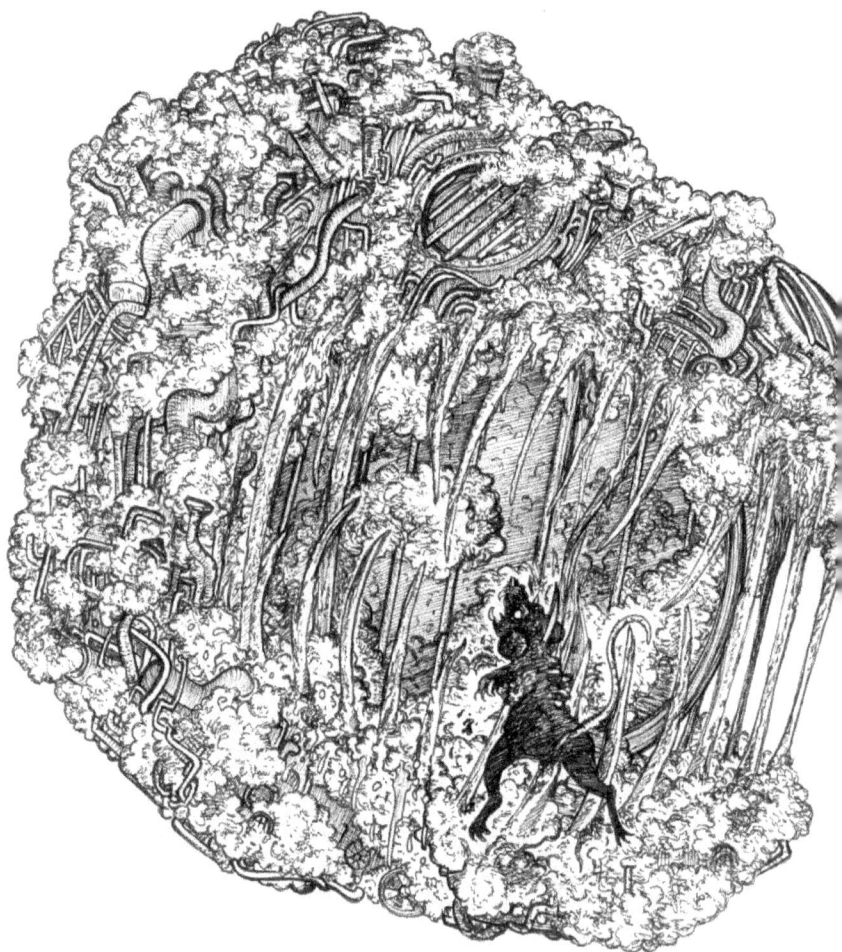

Kreaĵoj ofte posedas sensensajn proporciojn, ĉu horore
elstarantaj ĉiujn konstruaĵojn, aŭ rideble etiĝantaj
kvazaŭ insektoj.
Nekompreneble distordiĝas la spac'.
Oni kelkfoje vidas songvojaĝantojn, vekiĝi pli juna ol
kutime.
Ankaŭ ne ordinaras la temp'.

***

Hay en estas deformes criaturas
Cierta impropiedad exacerbada:
O se yerguen enormes como torres
O se vuelven minúsculos insectos;
Tan a su capricho el espacio
Pliegan y despliegan.
Cuentan incluso de viajeros
Que, contra la razón de la vigilia,
Retornan del sueño con extraña lozanía,
Pues hasta el tiempo va allí a contramano.

Fantasta estas la river' kiu fluas tra la nebul'.
El ĝi radias la lumo mirinda de la homa viv'.
Per ĝi vojas la sonĝaro absurda de la homa dorm'.
En ĝi grundas la danco funebra de la homa mort'.

***

Sobre el río de fábula que corre en la bruma,
Resplandece efímera la luz
Maravillosa de la vida humana.
Por él navegan sus sueños, sus absurdas
Quimeras, sus esperanzas.
Y en su lecho final gesta la muerte
Sobre los hombres su danza macabra.

Tra la prisma monto, difuzas abisma lumo.
Sur la bruma Civito, glitas melankolia brilo.

***

Desde el prisma triangular de la montaña
Una luz abisal se esparce silenciosa
Y sobre la ciudad irradia ceniciento
El espeso fulgor de la melancolía.

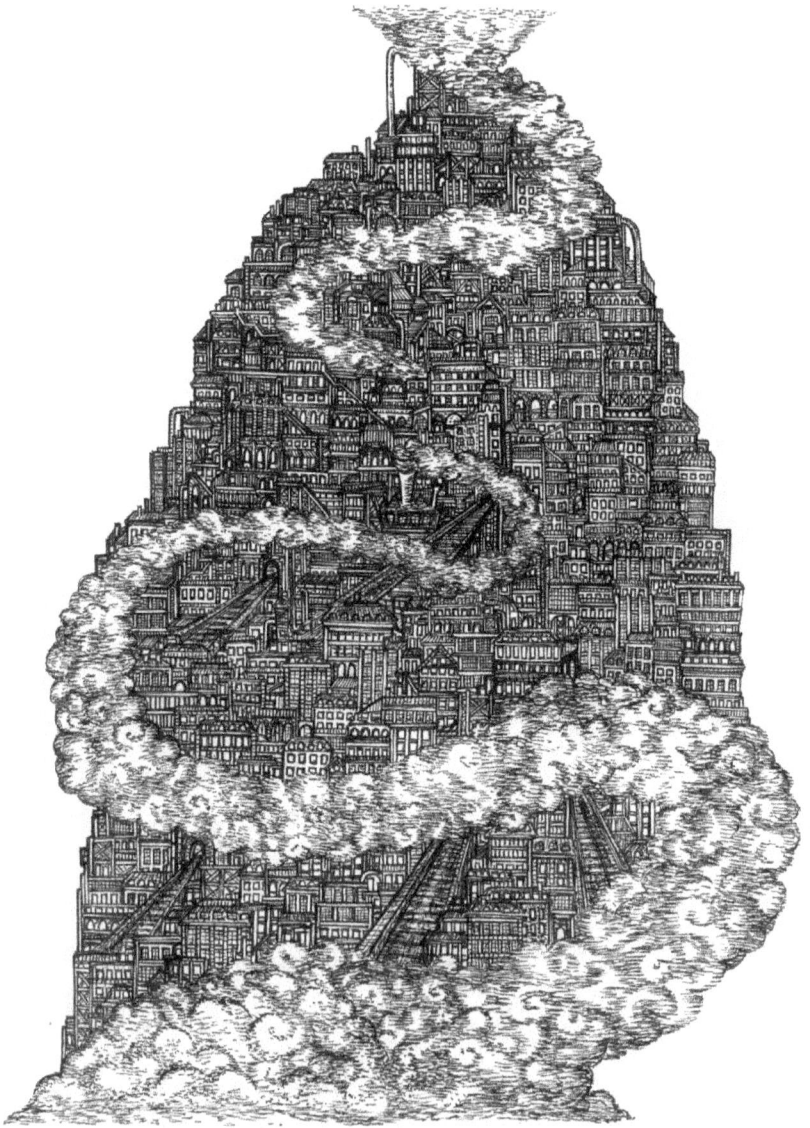

Obsidianaj golemoj ĉirkaŭe vivas.
Ĉiujn vivaĵojn ili protektas.
Kiam tien vi deziros eniri,
Al ili permeson ne forgesu peti.

***

Guardianes de obsidiana que habitan extramuros
Protegen la hermandad de todo lo que vive
Y desalientan la entrada a los extraños: ¡Ay
Del peregrino que a ello se aventure sin permiso!

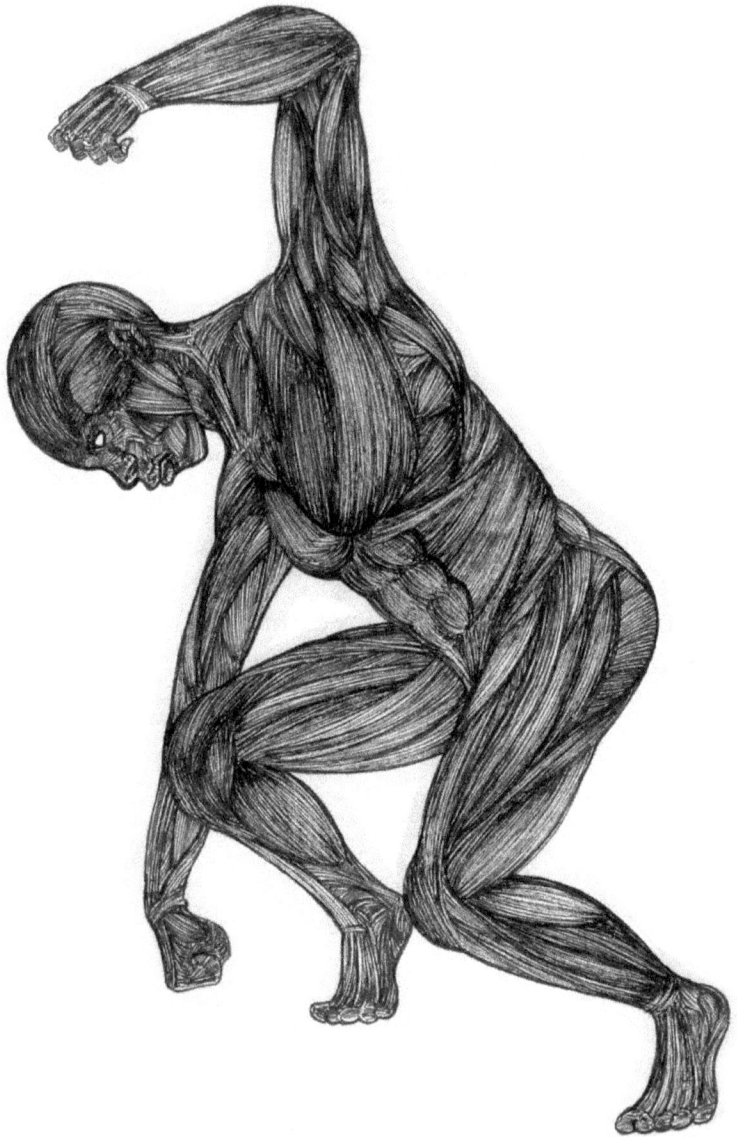

Preterspace la Civito staras.
Nur personĝe, tien oni iras.
Ajnaj religioj neniam ekzistos
Ĉar je aliaj dioj, la Dioj ne kredas.

***

En el confín del universo late
Esta ciudad solo alcanzada
Por la alquimia del sueño,
Sin religión ni ataduras divinas,
Pues a otros dioses son sordos sus dioses.

Fore malantaŭ la Civito,
Staras de la sonĝoj la fabriko.
Dispuŝante la foliojn de la arbetaĵoj,
Aperas la kamentuboj de la uzinoj.
Revaj fumoj disformaj eliras,
Koloritaj de multaj sonĝoj ili flugas.

***

Tras el zarzal y la espesura se alza,
En eterna vigilia, la fábrica de sueños.
De sus bocas brotan indolentes
Sombrías ideas que a lo lejos
Se funden imprecisas en el cielo.

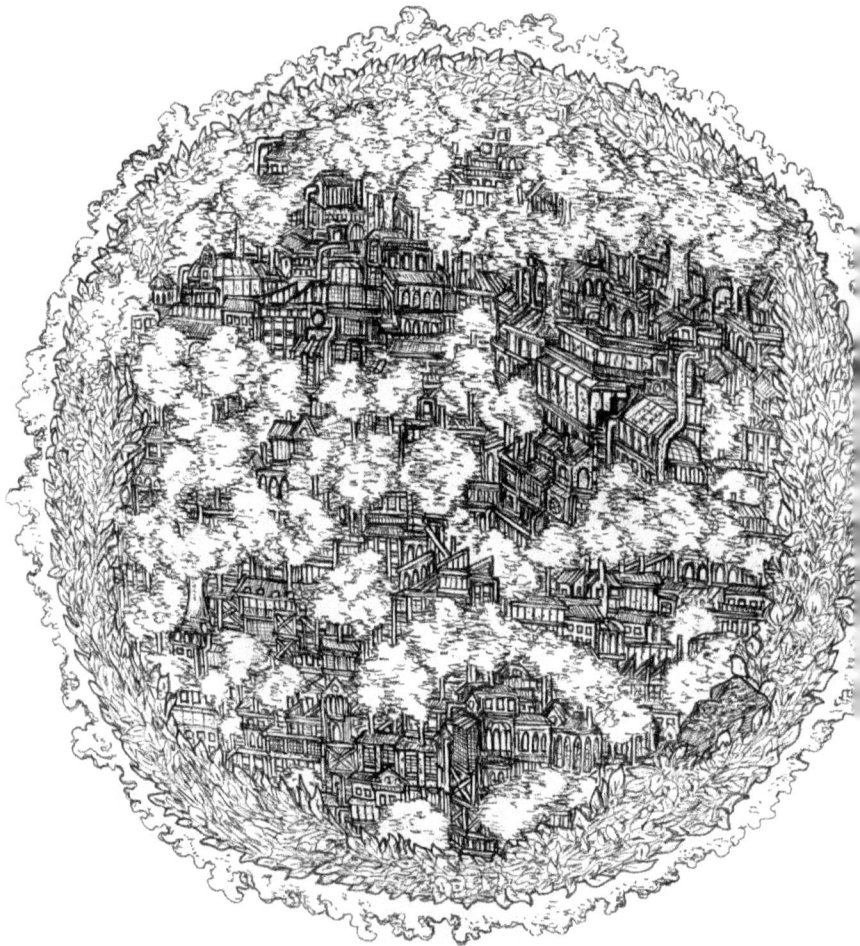

Klakantaj aŭtomatoj
Frekventas la antikvajn kvartalojn.
De kadukulo ili estas kreitaj.
Genio ermita por ĉiam nevidebla.

***

Pasos unísonos de autómatas monótonos,
Creados al capricho de un insomne
Eremita para siempre invisible,
Recorren sin rumbo antiguos suburbios.

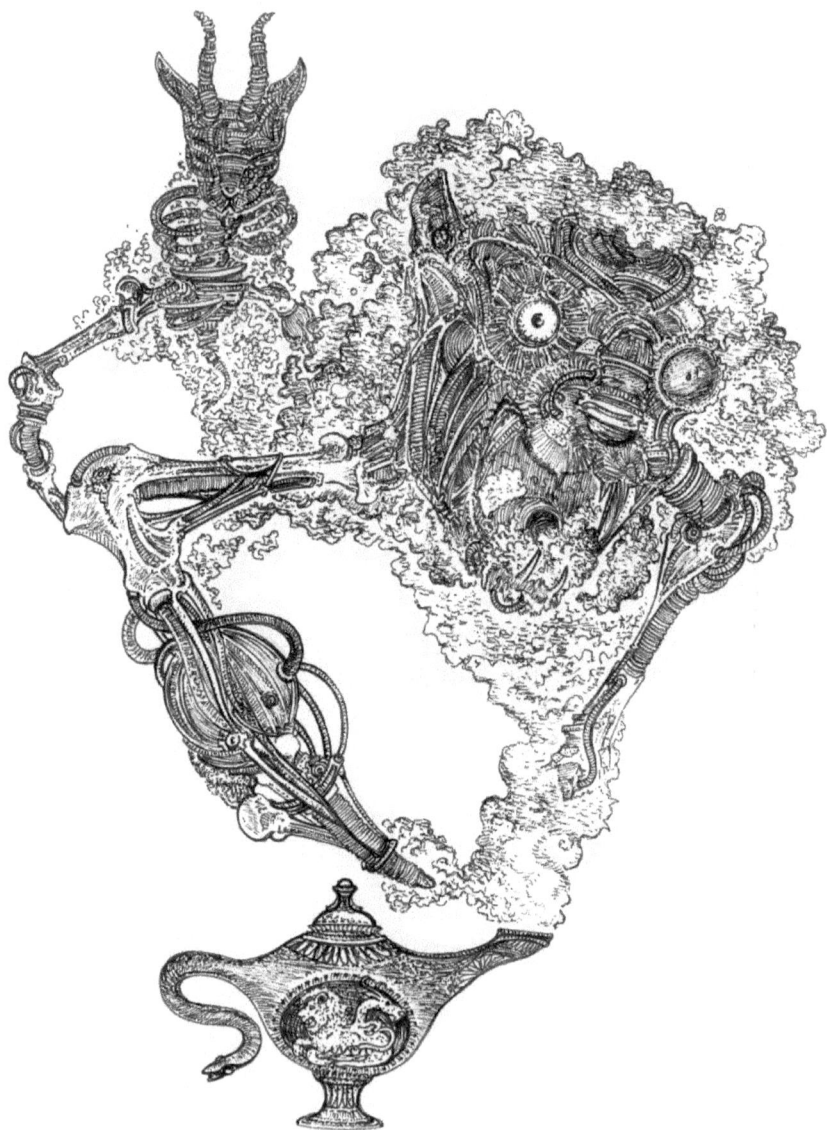

Ĉe la templo giganta de la tri fontoj,
De la astroj la multego aperos.
Malrapide kaj en surdigaj litanioj,
La tutan homaron ĝi neniigos.

**

En torno al templo y sus tres fuentes
Llegará desde oscuros astros soberanos
La grey de siniestros que en legión
Oficiarán con sordas letanías
La destrucción del tiempo
Y la memoria de los hombres.

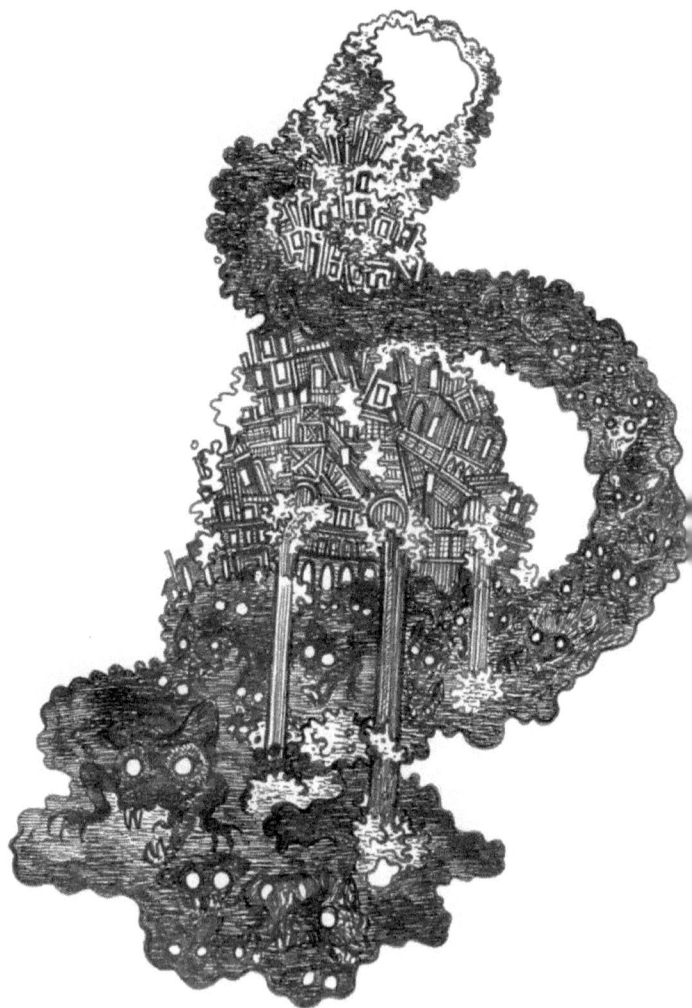

Neniu scias kie la templo staras,
Nek de kiam la pwofesi datiĝas.
Sed ĉiuj timas pri la morto de siaj kreantoj
Kiuj nokte agas per mirindaj revoj.

***

Nadie sabe dónde está el templo
Ni de dónde proviene la oscura profecía,
Mas todos temen la muerte de sus dioses
Creados en el paréntesis nocturno de los sueños.

Ĉe tiuj fontoj interkomunikas ambaŭ mondoj.
Nur tie la homaro sin konservos,
Por ĉiam fermante la ununurajn vojojn
Tra kiuj la morta multego aperos.

***

Solo cerrando el portal bifronte
Del mítico espacio de las fuentes,
Donde confluyen estos mundos paralelos,
Estará la humanidad a salvo del asedio
De las huestes de muertos ávidos de vida.

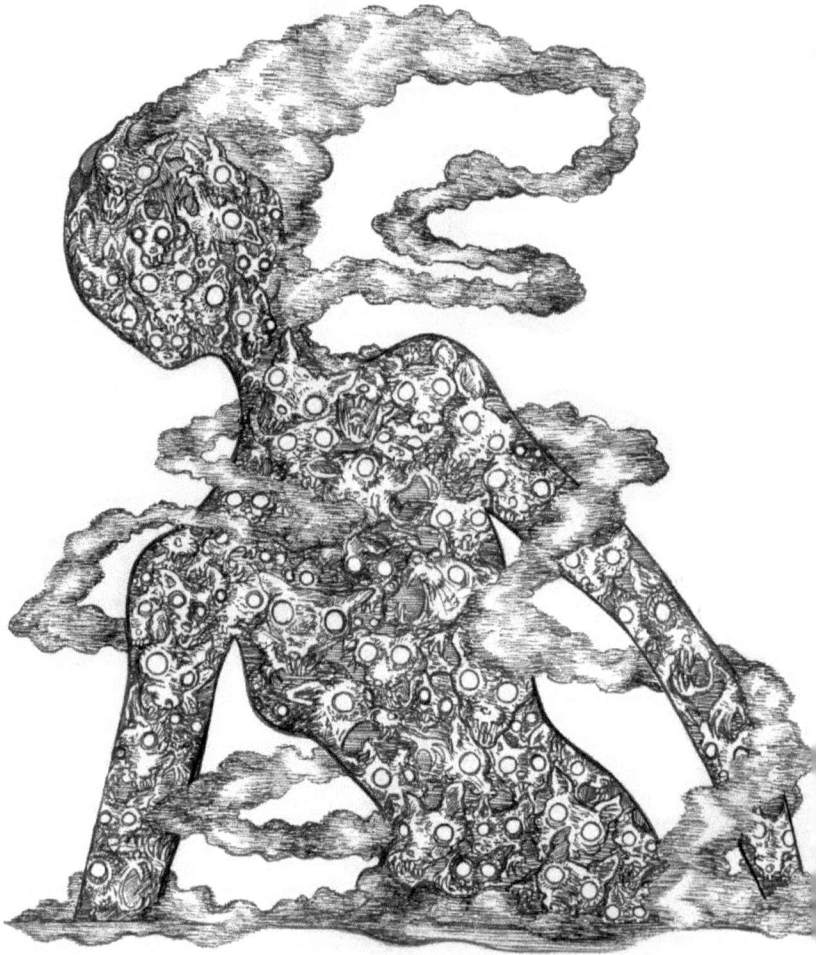

Oni diras ke antikvaj dioj sub la Civito vagas,
Ekzilitaj el ie ili kreis ĉiujn aĵojn.
En kirliĝanta vortico de multoblaj dimensioj,
Astroj kaj subteraĵoj sin konfuzas.

**

Dicen que los antiguos dioses,
Hacedores del cosmos y la vida,
Por sus calles y arrabales peregrinan
Solitarios, perdidos, con su exilio a cuestas.
Y en caprichosos torbellinos se entrelazan
Materia celeste e inframundo vueltos uno.

Tempo de la Revo, iuj nomas la subteran mondon.
Kvazaŭ la origin' de l'univers' ili pentras ĝin.
Neperceptebla *Tao*, subtere rampanta,
Gvatas l'horora besto prapatra.

***

Es el "tiempo del sueño" del que hablan los profanos,
el del inasible inframundo así nombrado:
Allí la raíz del cosmos halla su entraña.
Como Tao sin forma, potente vacío,
La bestia ancestral en lo profundo
De las sombras, agazapada, acecha.

La nigre brilanta stel' estas vojo
Per kiu oni povas vidi
De la Nebuloj la fabelan Civiton.
Sed de tie oni ne povas iri
Ĝis la mirindaj nevideblaj stratoj
Kiujn dormante la vojaĝanto rajtas kontempli.

***

Bajo el ciego esplendor de estrella negra
Se adivina, furtiva y fabulosa entre la niebla,
La Ciudad regia, cuyo dédalo de calles
Vedadas al viajero en la vigilia
Sólo en sueños deja ver oscuras maravillas.

Iom post iom malaperas la Civito
Ĉar la sonĝantoj timas pli kaj pli.
Se ankaŭ malaperos la aventurulo
Baldaŭ oni ne povos ĝin trovi.

***

Poco a poco la ciudad se desvanece,
Pues más y más perturba a los durmientes
La sombría y temeraria locura de sus sueños.
Y si por cordura sucumbe el peregrino
A la rugosa realidad de la vigilia
Caerá por fin la misteriosa urbe,
Para siempre perdida en el olvido.

Je la Civito vi ankoraŭ ne kredas?
Do fermu la okulojn
Kaj rigardu la tenebrojn
Por serĉi la stelon kiu nigre brilas.

***

Si dudas aún de esta Ciudad la existencia,
Cierra los ojos, Mortal, y contempla,
Nimbada de tinieblas, cómo brilla
La oscura, la lóbrega, la estrella negra.

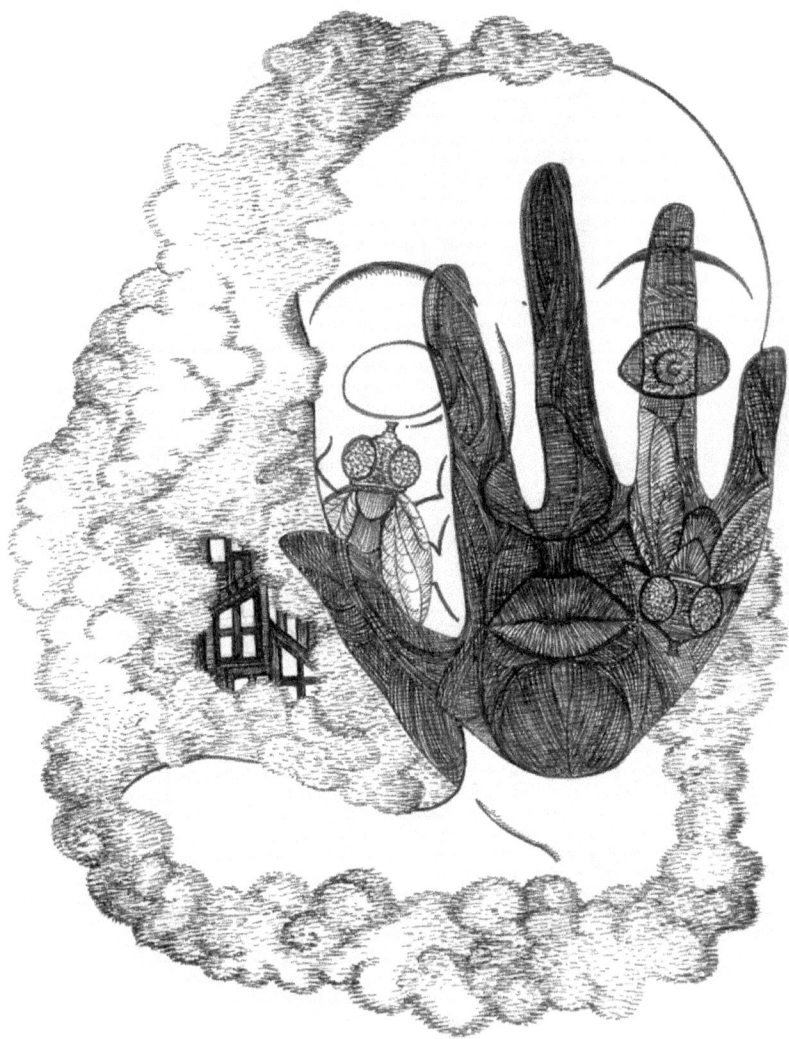

De la sama aŭtoro, en la franca

Micronomicon, -36° édition coll. 8pA6 n°88, 2015

Faux-Pas, Sous la Cape, 2015

Memento Temporis, Les Éditions de l'Antre, 2017

The Milky Way, L'ivre-Book, 2017

La Civito de la Nebuloj

Ilustrita de Francis Thievicz, Les deux Zeppelins, 2016

Ilustrita de J.-P. Verstraeten, Les Deux Crânes, 2016

Ilustrita de Mathilde Loiseau-Voinchet, LoPoĈo, 2016

Ilustrita de Pascal Dandois, Le Garage L., 2016

Ilustrita de Patrick Boutin, Heresie.com, 2017

Ilustrita de Poulpy, Z4 éditions, 2017-2018

Presita en Julio 2018
Por la konto de Z4 Eldonoj